Abrazando la vida

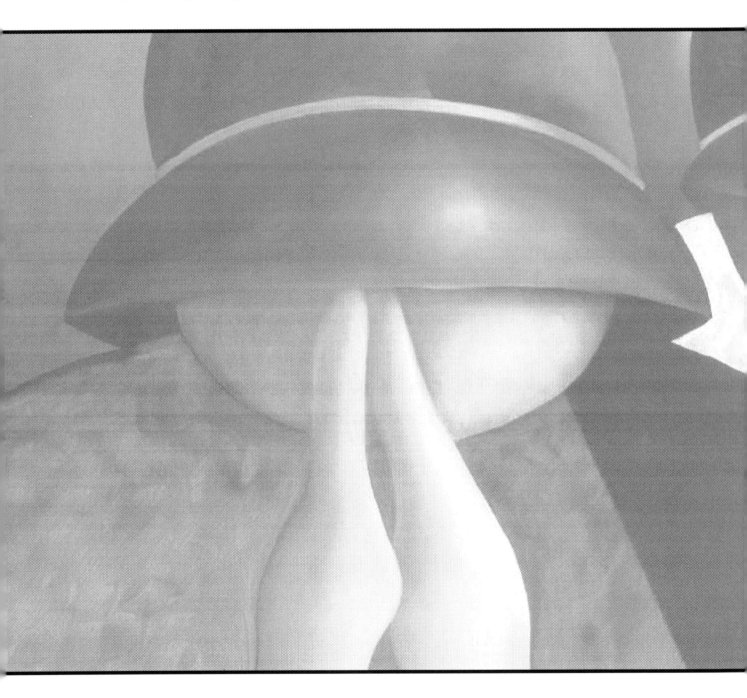

Manual para afrontar pérdidas en la pandemia

Coralee Quintana y Gladys Margarita Pérez
Obras de arte por Guilloume

BALBOA.PRESS
A DIVISION OF HAY HOUSE

*Este libro está dedicado a Tiffany (23 de diciembre
de 1989 - 29 de enero de 2022).
Para Deaudre, quien perdió a su padre y a su pareja en cinco meses.
Erica, quien perdió a su hijo en un accidente automovilístico
durante la pandemia de Covid-19. Abel quien perdió a su padre
y a Martín quien perdió a su madre por el Covid-19.
A cada uno de nosotros, quienes hemos sufrido alguna pérdida...*

Puede hacer pedidos de libros de Balboa Press en librerías o poniéndose en contacto con:

Balboa Press
Una División de Hay House
1663 Liberty Drive
Bloomington, IN 47403
www.balboapress.com
844-682-1282

ISBN: 979-8-7652-3636-9 (tapa blanda)
ISBN: 979-8-7652-3637-6 (libro electrónico)

Library of Congress Control Number: 2022920997

Fecha de revisión de Balboa Press: 12/27/2022

Índice

Prólogo

El mundo entero cambió a principios de 2020 y muchos de nosotros todavía nos enfrentamos a la incertidumbre preguntándonos hasta cuándo, o si la vida, alguna vez alcanzará un sentido de normalidad. Cada uno de nosotros ha enfrentado diferentes desafíos, pero una cosa que nos conecta es el dolor y la pérdida que hemos experimentado colectivamente. "Abrazando la vida: Manual para afrontar pérdidas en la pandemia" proporciona una vía para explorar y procesar de manera segura las innumerables pérdidas sufridas durante esta pandemia. Las autoras proporcionan una estructura que te guía delicadamente a través de estrategias para cuidarte a ti mismo, para comprender tus sentimientos, ofrecerte a ti mismo compasión y crear un futuro feliz en el que podrás reconocer las bendiciones de tu experiencia.

Mi trabajo como psicóloga clínica me proporciona una idea de las luchas más profundas que nuestro mundo ha enfrentado durante esta pandemia. Mis clientes han perdido hogares, trabajos, conexiones con colegas, conexiones con profesores y compañeros de estudios y se ha experimentado una sensación general de inseguridad. Han perdido hijos, padres, abuelos y amigos. Cada día se siente aterrador e incierto. Después de leer este libro, sentí una sensación de esperanza y me imaginé usando este libro para ayudar a innumerables personas. He comenzado a usar este libro manual para ayudarme a mí misma también. Personalmente, he soportado muchas pérdidas y he luchado para sobrellevar el dolor. Leer y trabajar con este libro me ayudó a aprender lentamente formas de hacer tiempo para mi dolor y a darle significado a partir de él.

Coralee Quintana y Gladys Margarita Pérez crearon este libro de trabajo para brindar apoyo en estos tiempos difíciles que estamos viviendo. Ambas autoras tienen un compromiso de por vida de ayudar a los demás reflexionando sobre sus viajes personales y utilizando lo que han aprendido para ofrecer apoyo a los demás. Estoy segura de que las sugerencias y la orientación que Coralee y Gladys brindan en este libro también te ayudarán.

En cada capítulo, aprenderás diferentes formas para manejar tu dolor y cómo reaccionar sanamente. El primer capítulo proporciona una base sobre la cual empezarás a construir tu propia sanación. También aprenderás formas de cuidarte a ti mismo. Ya que cuando hemos perdido algo o alguien, surgen diferentes emociones. Si no nos cuidamos a nosotros mismos mientras atravesamos por este duelo, nuestro proceso de curación puede estancarse. El cuidado personal nos permite tener compasión por nosotros mismos, lo que a su vez, fomenta un sentido de tranquilidad y comprensión. Lo que realmente me encanta de las actividades y recomendaciones del Capítulo 1, y de la totalidad de este libro, es que son formas fáciles y efectivas para dedicarnos al cuidado personal.

En el Capítulo 2, comienza a trabajar con el dolor y la tristeza asociados con sus pérdidas. Este es un trabajo desafiante y a la vez muy curativo. Coralee y Gladys hacen un trabajo maravilloso ayudándote a comprender tu tristeza y a crear un espacio para ella. También te ayudan a comprender las formas en que tu tristeza y dolor te afectan físicamente. La conexión cuerpo-mente es algo de lo que hablo con todos mis pacientes. Nuestras emociones pueden afectar nuestra salud física y nuestra salud física puede afectar nuestras emociones.

El miedo es una emoción que todos hemos sentido durante esta pandemia. El Capítulo 3 te ayuda a enfrentar esos miedos al explorar las cosas que te los produce. Hay tantos factores que están causando miedo en todo el mundo en este momento. Tú no estás solo.

El perdón y la gratitud son dos acciones que podemos tomar para seguir adelante después de una pérdida. En los capítulos 4 y 5, Coralee y Gladys te ayudan a dejar de lado los resentimientos, la ira, el enojo y la culpabilidad para que puedas abrirte a las bendiciones de la vida. Darte cuenta de las cosas por las que puedes estar agradecido en tu vida es una forma útil para cultivar el gozo y la satisfacción, que es el enfoque del capítulo final. Muchas de las actividades y preguntas que realizarás a lo largo de estos últimos tres capítulos son intervenciones que utilizo habitualmente en mi práctica clínica.También practico estas estrategias en mi vida cotidiana. Es muy fácil concentrarte en las cosas de la vida que desearíamos que fueran diferentes, pero a pesar de los desafíos que atravesamos, todavía tenemos que reconocer las grandes bendiciones que todos poseemos.

A medida que avanzas en este libro, escribiendo, reflexionando, llorando y soltando, tengo la esperanza de que adquieras una sensación de paz.

Te deseo lo mejor mientras te embarcas en este proceso de sanación, y agradezco enormemente a Coralee y Gladys por esta maravillosa herramienta de curación.

Elisa C. DeVargas, PhD
Doctora en Psicología Clínica
Universidad de Nuevo México
Programa para niños y adolescentes

Carta de las autoras

Hola amigo:

Este podría ser el tiempo más aterrador desde el 11 de septiembre cuando cayeron las torres de Nueva York en EE.UU. Desde entonces, hay muchísimas incógnitas y el futuro resulta incierto. Las pérdidas vienen en muchas y diferentes formas. Ya sea la pérdida de la salud, el confinamiento en el hogar, la pérdida de un pariente cercano, un hijo, un padre, un amigo, una pareja o un cónyuge, o la pérdida de una valiosa carrera, negocio, trabajo o casa; mereces el tiempo necesario para superar y curarte de estos grandes cambios en tu vida. Este es un momento único en la historia del mundo. Es una época llena de temores y muertes por virus, suicidios, distanciamiento social, desafíos económicos, cuestiones raciales y políticas, además del estrés de la vida cotidiana.

Más que nada, queremos que sepas que no estás solo.

Si estás comprando este manual de trabajo para un amigo o un ser querido que ha experimentado una muerte, decir cosas amables sobre el ser fallecido será apropiado. Puede que muchos comentarios típicos como "Él está en un mejor lugar", no sean apreciados en momentos de profundo dolor, especialmente si la persona tiene creencias diferentes. Continúa hablando cosas bonitas sobre el ser ausente y ofreciendo apoyo incondicional sin juicios personales.

Por favor ten en cuenta, que no hay medida cuando se trata de una pérdida. Las pérdidas de salud, libertad, movilidad, carrera, negocios, hogar, ingresos, estatus, reputación social, amistades, familia o posesiones valiosas son muy REALES. Estamos aquí para ayudarte a superarlas.

Debido a que el duelo puede ser un tiempo muy privado y difícil, la psicóloga y coach Gladys Margarita Pérez y yo, formulamos las preguntas que te permiten a ti y a los tuyos sacar a la luz los sentimientos para empezar a avanzar en el proceso de curación. Tristemente esta pandemia ha generado separación entre mucha gente, ha aumentado significativamente la diferencia de opinión, el miedo, la ansiedad, la depresión y el abuso. Nosotras creemos que este manual de trabajo será de mucha ayuda.

Con amor,
Coralee Quintana

Querido lector:

Es doloroso y difícil perder a alguien o algo que amas. Mi corazón está contigo. Me preocupo por ti, y es por eso que Coralee y yo creamos este libro de trabajo; para ayudarte a sanar y crecer a través de esta situación.

Mi interés en el proceso de duelo comenzó cuando estaba estudiando para mi maestría en Estudios de la Familia en la Universidad de Nuevo México. En mi clase de duelo individual y familiar, recordé cómo mi familia y yo lidiamos con el fallecimiento de mi padre y mi sobrino. Noté que en la cultura colombiana, mi país natal, muchas veces enterramos y cubrimos las emociones y el duelo que muchas veces trae más penurias, que es lo que sucedió dentro de mi propia familia.

En mi clase decidí hacer un proyecto final sobre cómo procesar muchas formas de pérdida a través de una serie de preguntas y actividades simples que ayudan a descubrir nuestras emociones, liberar pensamientos y compartir recuerdos en un ambiente abierto y saludable. Más tarde, este proyecto pasó a ser utilizado en una serie de talleres para ayudar a las personas que atravesaban un duelo en los grupos de apoyo para procesar sus pérdidas. Después de presenciar la efectividad de estos talleres, quise compartir estas herramientas con otras personas que las necesitaban. Fue entonces cuando Coralee y yo vimos nuestro interés común en ayudar a los que están en duelo. Nos unimos para crear este libro de trabajo combinando nuestras experiencias, investigación y red de profesionales para ayudar al mundo a recuperarse de la pandemia y a superar tantas pérdidas.

Queremos sugerirte que utilices la serie de recursos disponibles en este libro de trabajo y en tu comunidad, como también te queremos recordar que tú también puedes crecer a través de esta situación, sanar y vivir tu vida de una manera armoniosa.

Amorosamente,
Gladys Margarita Pérez

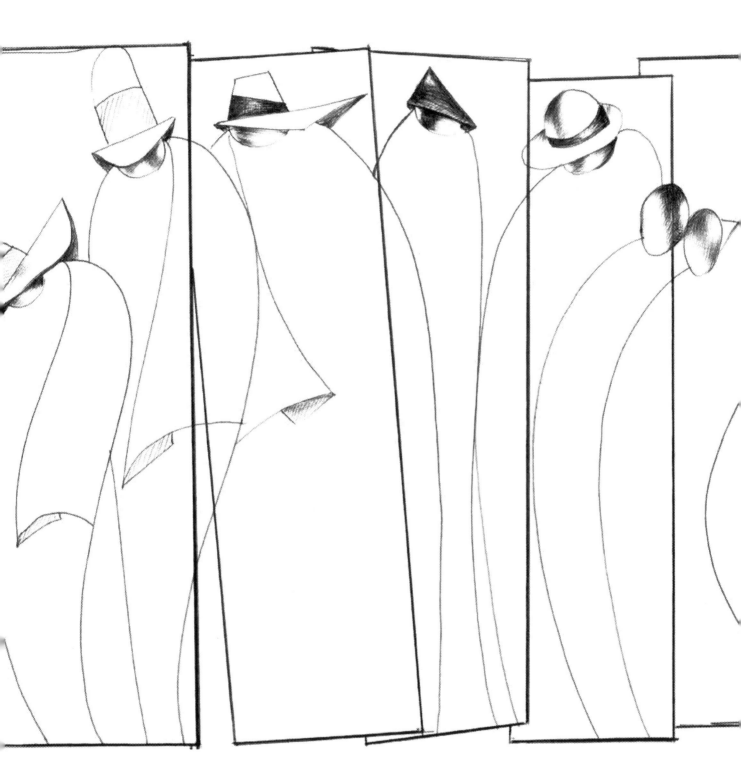

Agradecimientos

En primer lugar, nos gustaría agradecer a nuestras familias, las cuales se tomaron el tiempo para leer, editar y apoyar, todo el proceso de escritura. Particularmente agradecemos a Guilloume, por sus ilustraciones inspiradoras. Silvia Franco y Ramona Holguín, quienes ayudaron con los matices de la traducción del inglés al español, que pueden ser difíciles de captar. Johann Pérez quien ofreció consejos con el formato de los capítulos. Claudio Tolousse, María Holguín, Sarah Williams y Rachel Buchiarelli ayudaron con sus ideas sobre la edición, mientras que Elizabeth Anderson, ayudó con el formato de fuentes y recursos; y Salomé, con el plan de mercadeo y el contenido de nuestro sitio web. Estamos muy agradecidos por la acogida que nuestra familia le ha brindado a este trabajo y porque activamente han ayudado en este proyecto.

Un AGRADECIMIENTO especial para nuestra editora, Thérèse M. Stueve-Sims, por compartir sus experiencias relacionadas con el duelo, su conocimiento, sus sugerencias y sabiduría, las cuales fueron vitales en nuestro proceso de escritura, edición y consolidación de este trabajo; su experiencia, sin duda, fue invaluable.

Estamos agradecidas con Bebeann Bouchard por su revisión, comentarios y ediciones finales. Randy Perazzini por sus sugerencias, comentarios y ediciones. Dr. Frank Davila quien revisó este libro de trabajo y nos aportó sus recomendaciones. Gracias también a Bethellyn Rosenthal por facilitar formas para la publicación y a Richard W. Padilla, por su increíble trabajo de diseño.

La Dra. Elisa De Vargas, PhD, quien es conocedora de la importancia del duelo y de los problemas sociales de nuestro tiempo; quien nos ha dado una gran ayuda al revisar este libro y los aportes que este puede hacer al entorno clínico, además de su contribución con el Prólogo.

Estamos excepcionalmente agradecidas con todos los que contribuyeron a este trabajo.
No hubiéramos podido hacerlo sin su ayuda. ¡Muchísimas gracias!

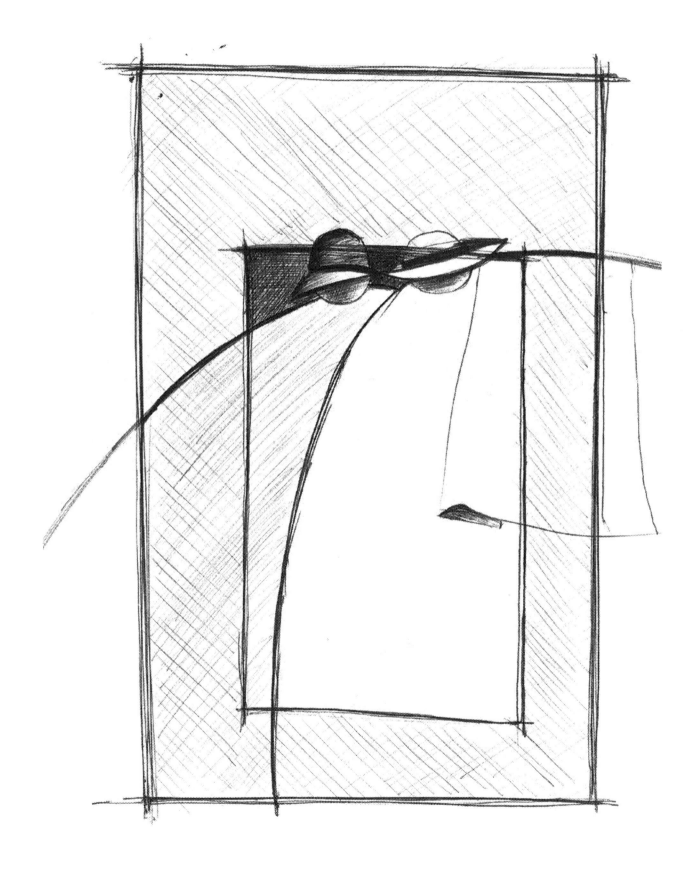

Introducción

Debido a que el mundo se ha visto afectado por la pandemia de Covid-19, hemos tenido que pasar por muchas incertidumbres, cambios y pérdidas mientras tomamos todas las precauciones para evitar contraer el virus o sus variantes. Hemos cambiado nuestras rutinas diarias, muchos han perdido sus trabajos y a seres queridos. El número de suicidios y divorcios se ha disparado y hemos tenido que estar separados de la familia y los amigos. Con esto en mente, "Abrazando la vida: Manual para afrontar pérdidas en la pandemia", fue escrito para ayudar a las personas que han sufrido una pérdida durante este tiempo, proporcionando herramientas para superar los sentimientos de angustia y dolor, y encontrar un poco de esperanza.

Hemos aprendido que llevar un diario es una herramienta útil para expresar nuestros sentimientos durante los momentos difíciles, por lo que este libro de trabajo te invita a crear un espacio seguro para ayudarte a sanar el dolor actual. Esperamos que mientras escribes, sientas que recuperas el control de tus emociones y te muevas hacia el futuro que imaginas.

Este manual está diseñado para que lo puedas compartir tu trabajo con tu consejero o profesional de salud mental, si así lo deseas. El duelo puede ser un proceso muy privado para muchos, por lo que, si estás superando un dolor de manera individual, te recomendamos que tengas un amigo o familiar de confianza que te apoye durante el proceso de sanación.

También hay recursos al final del libro para muchos de los problemas que pueden surgir durante este proceso. Busca apoyo porque el trabajo de duelo es un trabajo duro.

Mientras lees y trabajas en este libro, queremos que sepas que no hay respuestas ni sentimientos correctos o incorrectos. Sin embargo, la interpretación de estas palabras depende de ti. Los momentos de duelo son tiempo para protegerte y cuidarte. También es extremadamente importante que trabajes a tu propio ritmo. *Omite cualquier pregunta que no estés listo para responder. Repite el Capítulo 1 hasta que te sientas capaz de cuidarte y manejar tu rutina diaria.* En última instancia, te pedimos que abraces la vida, aunque tengas ganas de darte por vencido.

No dudes en volver a este libro de trabajo en cualquier momento o cuándo sientas que lo necesitas. Los sentimientos cambian con el tiempo. Puedes retroceder o avanzar a los capítulos que te resulten más útiles en tu viaje de sanación. Nuestro objetivo es ayudar a curar el dolor llevándolo a la conciencia, liberándolo y moviéndonos hacia un espacio de posibilidades. Esperamos que estas ideas, sugerencias y actividades te ayuden a identificar tus sentimientos y a resolver tus emociones para una mayor salud y felicidad.

Estos libros están disponibles en Inglés y Español

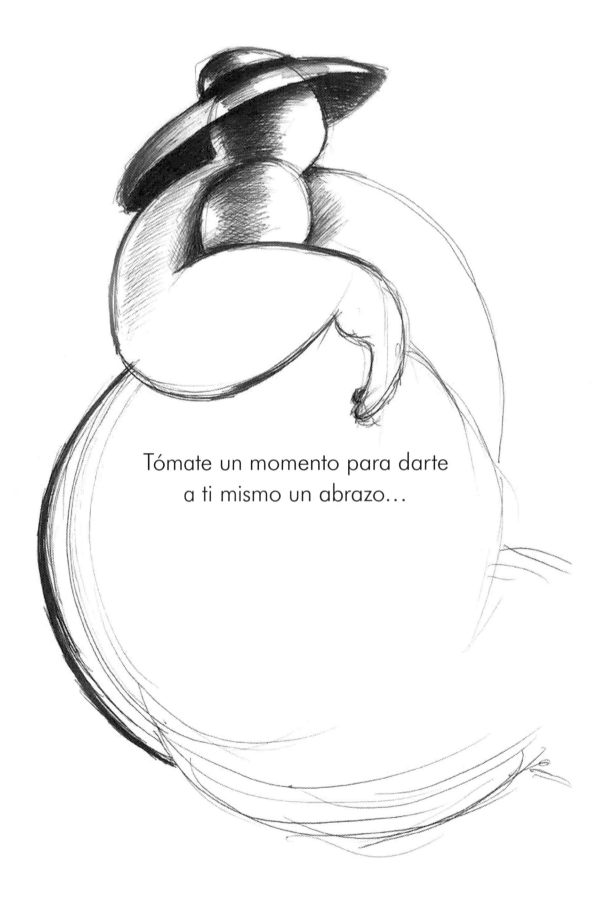

Tómate un momento para darte
a ti mismo un abrazo…

Está bien llorar.

Si has perdido a un ser querido durante la pandemia y no pudiste despedirte en persona o visitarlo en el hospital durante sus últimos días, no estás solo.

La vida rara vez resulta como la planeamos.

Cierra los ojos e imagina todo lo que le habrías dicho si hubieras estado allí en persona. También puedes escribirlo, decirlo en voz alta y enviárselo en espíritu.

La gente dirá cosas poco útiles tratando
de ser útil. Solo déjalo ir.

Aférrate al apoyo de aquellos que son realmente útiles.

El amor es un regalo.

Si una persona ha amado y ha sido amada,
la persona ha tenido una vida completa.

Capítulo 1

Cuidado personal

Los cambios asociados con esta pérdida pueden ser extremadamente difíciles. Está bien vivir un día a la vez. Mantente vivo a pesar de que tienes ganas de morir. Si en algún momento tienes ganas de hacerte daño a ti mismo o a los demás, llama a la línea directa Nacional de prevención de suicidios y crisis de salud mental 988 o al 1800.273.8255, o a tu proveedor de salud mental o al número local de emergencia en el area de tu pais.

Es una buena idea descansar de las noticias, del teléfono, la televisión, y de las personas que propagan el miedo y la negatividad.

Permítete concentrarte en la curación.

Al responder estas preguntas, debes saber que no hay respuestas correctas o incorrectas.

Algunas preguntas pueden provocar que surjan emociones y sentimientos profundos y eso está bien. Puedes saltar algunas preguntas si no estás listo, siéntete libre de tomarte un descanso cuando lo necesites, luego escríbelas, dibújalas, llora, o grita si lo necesitas. Permítete expresar tu dolor cuando lo necesites, pues el llorar es algo normal durante este proceso. A menudo, no nos permitimos expresar externamente nuestros sentimientos o lamentarnos; sin embargo, el duelo es normal y saludable cuando sufrimos una pérdida.

Si ha habido una muerte, puede ser muy sanador compartir historias con personas que también conocieron al difunto para que puedan llorar juntos (incluso por teléfono). Recordar lo bueno y lo malo puede ser muy curativo. También puede haber algunas historias divertidas. Está bien reír y llorar al mismo tiempo. La aceptación de la muerte de un familiar cercano puede llevar varios años. La muerte de un niño o de un joven es particularmente dura porque también lamentamos la pérdida de su potencial. Si su partida fue inesperada o si tuvo tiempo para prepararse, nada facilita este proceso. Esperamos que recurras a este manual de trabajo y consideres la posibilidad de repasar las preguntas a tu propio ritmo varias veces durante el proceso, si eso te resulta útil.

Te recomendamos que tengas un consejero o alguien de confianza a quien puedas llamar cuando necesites apoyo a lo largo de este proceso. Al final del libro existen algunos recursos disponibles para cuando los necesites. Esperamos que conserves este diario y repases las preguntas a tu propio ritmo, tantas veces como sea necesario, si lo encuentras útil.

Sobre todo, protégete y cuídate bien en este tiempo de sanación.

1. ¿De qué manera te estás cuidando hoy? Por ejemplo, ¿qué actividades normales estás haciendo hoy?

2. Piensa, ¿qué es lo que más necesitas en este momento?

3. Escribe aquí todas las cosas que necesitas en este momento:

Respira profundamente (inhala lentamente llenando tus pulmones de aire durante cinco segundos, luego exhala lentamente durante cinco segundos). Respirar profundamente ayuda a tener oxígeno y reducir estrés.

Imagina lo que sentirías al RECIBIR lo que más necesitas.
Una vez que hayas sentido el alivio de recibir lo que más necesitas, repite este ejercicio con cada uno de los aspectos mencionados en tu lista.
Regresa a tu lista y da las "gracias" como si ya hubieras recibido todo lo que necesitas.

4. ¿Qué cambios han ocurrido en tu vida desde tu pérdida?

Si todavía hay cosas que realmente necesitas en este momento, repite la actividad después del número 3, tantas veces como sea necesario.

Está bien admitir que necesitas ayuda con el proceso de duelo.

Sé amable y cortés contigo mismo.

Si tienes una fe, un sistema de creencias, un poder superior, la energía de Dios o un yo superior, ponte en sintonía con la bondad y la divinidad de tus creencias. Concéntrate en la paz, el perdón, la luz y en el AMOR. Permite que la energía creadora del amor se mueva a través de tu ser. Si estás llorando una muerte, sabes que todo lo que aprendiste, y todos tus recuerdos son tuyos para que los guardes. Nadie puede quitártelos. Incluso puedes escuchar la voz del ser ausente y sentir que te está cuidando.

¡Tu eres más que tu cuerpo!

Todos tenemos una energía/espíritu eterno que no puede ser destruida.

Cuidando de ti mismo

Haz todo lo que puedas para mantener tu cuerpo en equilibrio.

¡Respira profundamente!

Inhala lentamente durante cinco segundos, luego exhala
lentamente por tu boca durante cinco segundos.

Bebe agua fresca y limpia, frecuentemente.

Recuerda lavarte las manos a menudo y
frotarlas bien durante 20 segundos.

Mantén una dieta balanceada. Consulta a tu médico o nutricionista.
También puedes investigar sobre las vitaminas y suplementos más
apropiados para reforzar tu sistema inmunológico durante este tiempo.

Dedica tiempo a cocinar tu comida favorita. Incluso si no tienes
ganas de comer, imagínate probando tu comida favorita.

Haz todo lo que puedas para comer saludable, aunque
sólo sean pequeñas raciones a lo largo del día.

Si no puedes comer, bebe jugos de verduras frescas o
alimentaté con un caldito o unas sopas de tu gusto.

El alcohol, las drogas o las pastillas sin receta solo empeoran la situación, si las estás usando, utiliza los recursos en la parte final del libro y obtén ayuda inmediatamente. *Cualquier exceso-incluyendo el azúcar, cafeína o el fumar,-pasará factura y empeorará los sentimientos.* Habla con tu médico. Vale la pena el esfuerzo extra para mantener tu salud en equilibrio.

5. ¿Qué cosas haces todos los días?

Un día a la vez

Si puedes, desarrolla y mantén una rutina diaria. Sigue adelante.

Da pequeños pasos. No tienes que rendir al
máximo- cada pequeño paso cuenta.

Solo haz lo que haya que hacer.

Está bien solo respirar. Respira profundamente:
inhala y exhala para recargarte de energía.

Inhala por la nariz y exhala suavemente por la boca.

Ten paciencia contigo mismo.

Reconoce lo valiente que eres para dar estos pasos.

6. ¿Cuál es tu parte favorita del día?

7. ¿Cuál es la parte más difícil de tu día? Existe algún momento del día en el que extrañas más a tu ser querido?

8. ¿Tienes ayuda? ¿Quién te brinda más apoyo (persona, música, oración, mascota)?

9. ¿Puede la persona o recurso que te brinda apoyo estar ahí para ti durante la parte más difícil de tu día o noche?

10. ¿Qué pensamientos cruzan por tu mente en la noche?

11. ¿Qué te ayuda a dormir mejor?

Sugerencias para dormir mejor

Una hora o dos antes de irte a descansar, apaga tus aparatos electrónicos. Especialmente evita ver las malas noticias en la tele. Trata mejor de leer un libro o revista.

Sumérgete en una bañera o date una buena ducha de agua caliente.

Enciende una vela o enciende la chimenea si hace frío.

La falta de sueño afecta tu salud física y pone en riesgo tu salud mental. Si no puedes dormir, prepara una taza de té de manzanilla, también puedes leer, escribir, hacer estiramientos suaves. Si tu insomnio se ha vuelto crónico, habla con tu profesional de la salud sobre esta situación e indaga la posibilidad de tomar un tratamiento. Haz todo lo posible para mantener tu ritmo circadiano en equilibrio. Procura irte a la cama y levantarte a la misma hora todos los días, también puedes tomar una siesta corta durante el día, si es posible. Por favor encuentra maneras de descansar durante este tiempo.

Nuestros pensamientos pueden ser difíciles de controlar. La tranquilidad de la noche es un buen momento para intentar orientar esos pensamientos o en algo agradable. Cuenta tus bendiciones de la misma manera que contarías ovejas. Siéntete libre de escribir tus bendiciones. Incluso si sientes que no tienes nada por lo que estar agradecido, por el momento, fíjate en lo que SÍ tienes, por ejemplo: puedes leer y tienes ojos. ¡Son cosas maravillosas de tener!

Contar las bendiciones es una buena forma de conciliar el sueño.

12. ¿Cómo describirías tu situación familiar? ¿Hay personas cercanas a ti que son como de la familia?

13. ¿Cómo te sientes con respecto a la familia o los amigos que no has podido ver durante este período?

Tómate el tiempo para llamar o visitar a un amigo o miembros de tu familia. Puede ser alguien del pasado con quien no hayas hablado en mucho tiempo. También puedes escribirles una carta o enviarles una tarjeta.

14. Está bien que no te guste la situación actual, pregúntate ¿qué preferirías en su lugar? Después de haber escrito lo que prefieres, comparte un paso que puedas tomar para hacer ese cambio:

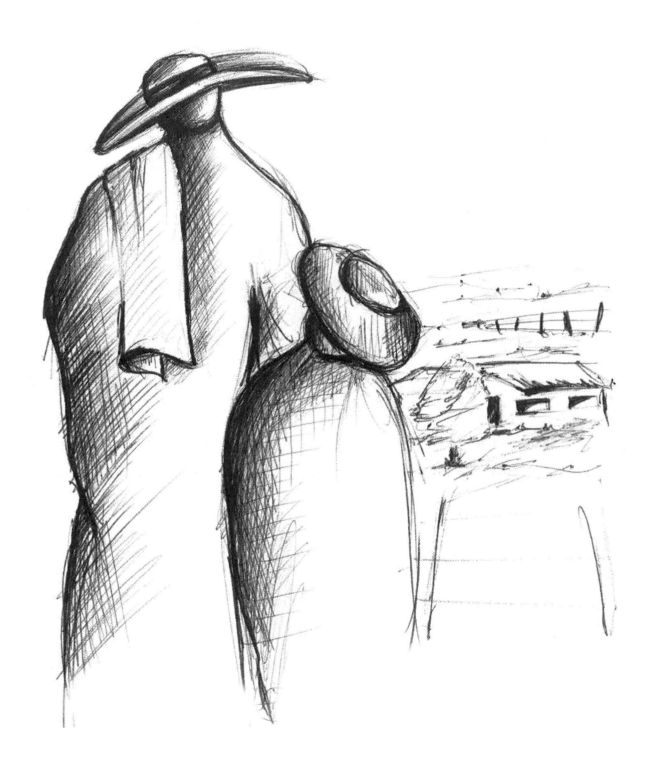

Sugerencias para relajarte

Toma un largo paseo por la playa, las montañas
o algún lugar de la naturaleza.

Quitate los zapatos y medias y anda descalzo en la tierra.

Ve a pescar o simplemente relájate con la calma
de un lago, un arroyo, un río o el océano.

Juega con una mascota.

Toma un baño en la tina con sal de epson.

Haz una cita para recibir masaje, sí es posible.

Ponte recto y erguido.

Respira.

15. Piensa en un momento en que las cosas estaban bien. ¿Cuáles son tus recuerdos más felices de esa época?

16. Qué cosas puedes hacer para preservar estos recuerdos?

Tal vez anótalos, guarda los recuerdos en una caja especial o un altar de memorias en tu casa, acurrucarse con una prenda de su ropa, escanea las fotografías en digital y compártelas con personas que apreciarían tenerlas. Es possible que estos recuerdos brinden buenas memorias.

17. ¿Has sentido que tienes que ocultar cómo te sientes? Está bien si aún sientes que necesitas estar aislado o alejado de ciertas personas o lugares.

18. Describe cómo prefieres sentirte.

19. ¿Sientes que estás interpretando dos o más papeles en este momento? Qué papeles estas interpretando?

20. ¿Sientes que llevas una máscara (literal o figurativamente) para ocultar tus sentimientos?

21. Si estás ocultando tus sentimientos, da ejemplos de cómo los estás ocultando. ¿Qué necesidades satisface esto? ¿Qué parte de ti mismo estás protegiendo y por qué?

22. ¿Tienes un espacio o lugar seguro donde puedas quitarte la máscara y ser tú mismo? Donde te sientes seguro?

23. ¿Cómo te sientes cuando puedes ser tú mismo?

Muchos de nosotros tenemos varios roles como padre, hijo, jefe, empleado/a, paciente, cliente, proveedor de servicios, y la lista continúa...

Si los roles en los que estás actualmente te causan ansiedad, si tienes que esconder tus sentimientos en esos roles, no estás solo. No siempre es seguro compartir tus sentimientos.

Está bien protegerte durante este tiempo de sanación.

Rodéate de personas seguras tan a menudo como puedas. Todavía tienes que seguir funcionando, solo haz lo mejor que puedas. Y sí, ¡lo mejor de ti es suficiente!

No estás solo.

Este es un buen momento para simplemente "SER". Es un momento para protegerte, cuidarte y mantener el mayor equilibrio posible en tu vida.

Por favor, investiga cómo proteger tu salud. En la parte posterior del libro hay algunos recursos para informarte sobre cómo reforzar tu sistema inmunológico. Mantenerte a salvo y mantener a los demás también a salvo.

Si eres una mujer entre cuarenta y cincuenta años, habla con tu ginecólogo o con tu profesional de medicina natural sobre tus niveles hormonales y las opciones para equilibrar la química de tu cuerpo durante la menopausia. El dolor del duelo puede empeorar por los desequilibrios en nuestros cuerpos.

Eres MUY importante. ¡Cuídate mucho!

Capítulo 2

La gestión del dolor y de la tristeza

No hay necesidad de sentir el dolor de los demás ahora mismo.
El tuyo es suficiente.

Decirle adiós a alguien o algo que amas duele como si te arrancaran el
corazón. Simplemente sigue respirando…inhala y exhala lentamente.

Esta pérdida podría sentirse un millón de veces peor que
la escala de dolor del 1 al 10 que te da el doctor.

Enfocate en las cosas que aun te motivan para continuar viviendo.

Si estás sufriendo una muerte, a menudo la parte más difícil llega después de que termina la ceremonia fúnebre y todo lo que queda es el vacío donde solía estar tu ser querido. Si tú no pudiste asistir a un memorial debido a Covid-19, tómate este tiempo para imaginar lo que hubieras preferido hacer. Visualiza el apoyo de tu familia y amigos aunque no hayan podido acompañarte en persona.

Si volver a la rutina diaria se te hace difícil, puedes repetir el capítulo 1 tantas veces como sea necesario.

Recuerda:

Respirar.

Beber agua pura y alimentarte de forma saludable. Mantente en contacto con tu consejero o personas de apoyo.

Llama o visita a un familiar o amigo de confianza.

Tómate descansos cuando los necesites. Ve a caminar.

Tómate un momento para sentir e identificar lo que necesitas para sanar en este momento.

Si en algún momento las preguntas de este capítulo te parecen demasiado difíciles, no dudes en *omitir* cualquier pregunta que no puedas responder en este momento. Lo más importante es que si tienes ganas de hacerte daño a ti mismo o a otros, llames a la línea directa para suicidios al 988 o al 1-800-273- 8255, al 911 o al teléfono de emergencia local en tu país. También puedes llamar a tu proveedor de salud mental de inmediato. Te recomendamos que tengas un consejero o alguien de tu confianza a quien puedas llamar cuando necesites apoyo durante este proceso.

1. ¿Qué cosas de la pérdida te hacen sentir triste en este momento?

2. ¿Qué es lo que más te duele de esta pérdida?

3. ¿Qué cosas te producen ganas de llorar?

Date permiso para llorar.

Encuentra un momento o lugar en el que te sientas seguro para llorar.
(Puede ser en tu coche, la ducha, tu cama o cualquier lugar
donde te sientas cómodo). Puede que sientas miedo al permitirte
llorar, pero liberar las emociones tristes trae sanación.

4. ¿Cómo te sentiste acerca del distanciamiento social? ¿Te sientes menos aislado ahora? ¿Hay precauciones que estás tomando?

5. ¿Cuándo te gusta más estar en compañía de otra persona?

6. ¿Cuándo prefieres estar solo?

7. ¿Qué te da consuelo cuando te sientes solo? ¿Cuándo prefieres la compañía o el acompañamiento de otra persona?

8. ¿Qué pasos puedes tomar para sentirte menos aislado cuando no quieres estar solo?

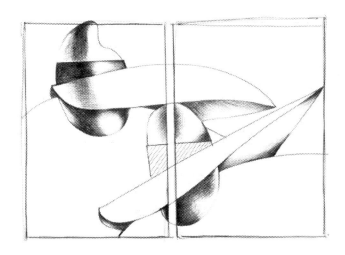

Permanezca conectado

Comprende que tú no estás solo, aunque te sientas muy solo en este momento. Todos estamos conectados como personas, a través de la tecnología de nuestros dispositivos electrónicos y los medios de comunicación. Trata de mantenerte conectado.

Habla con alguien en quien confíes. Llama a un amigo, pregúntale cómo está, y escucha en lugar de hablar. Brindar apoyo a otra persona te hace olvidar tus problemas. Existen momentos en los que los problemas parecen más pequeños después de escuchar los problemas de otra persona.

Escucha la voz de alguien que amas, siente su presencia a través del teléfono o el chat de video. Visita a las personas que te importan con la mayor frecuencia y seguridad posible. Disfruta de un abrazo de alguien en quien confíes siempre que sea posible. ¡Recuerda que tienes mucha fortaleza dentro de ti!

Más que nada, queremos que sepas que no estás solo.

9. ¿Hay alguien con quien te sientes seguro al hablar de tus problemas?

10. ¿Crees que hablar de los problemas te ayudará sentirte mejor?

Es de mucha ayuda hablar con alguien acerca de nuestras pérdidas y el dolor que nos causa. Hablar ayuda a disipar el peso de nuestros sentimientos.

11. ¿Sientes esta pérdida físicamente en tu cuerpo?

12. ¿Cuáles son los lugares de tu cuerpo en los que sientes esta pérdida?

Todo el sistema en nuestro cuerpo está conectado. Es muy común estar afectado por nuestro dolor emocional. Tu cuidado personal es muy importante.

13. ¿Puedes describir cómo se siente este dolor en tu cuerpo? Hazlo en el espacio que tienes a continuación.

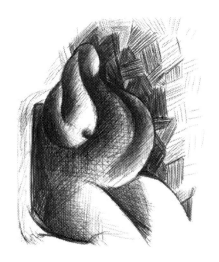

14. Cierra tus ojos y visualiza tu dolor, observa su forma y sus colores; luego represéntalo en un dibujo.

Puede ser un alivio plasmar tus sentimientos en un papel. Fíjate si te sientes un poco más liviano o más consciente después de hacer este dibujo.
También puedes dibujar en una hoja de papel separada para que luego pueda ser destruida.

15. Analiza la representación de tu dolor, mira las formas y colores que usaste en la actividad # 14. ¿Qué notas acerca de cómo se ve y se siente tu dolor? ¿Qué es lo que ves?

Has llegado muy lejos en este viaje.

¡Respira hondo y reconoce el trabajo que ya has hecho!

El dolor como una percepción

La palabra *percepción* se refiere a la forma en que identificamos e interpretamos la información. Viene del latín y significa "reunir o recibir".

¿Qué pasa si el dolor que sentimos está basado en nuestra percepción del efecto de nuestra pérdida?

Podría ser una idea totalmente nueva ver el dolor como una percepción. Sabemos que el dolor físico es absolutamente necesario para mantener nuestro cuerpo sano, porque nos envía una advertencia para evitar el peligro para mantener nuestro cuerpo a salvo. Sin embargo, hay personas que no sienten dolor físico y sufren daños en sus cuerpos. Si nuestro dolor emocional es una percepción, ¿podemos empezar a pensar en cómo podemos usarlo para protegernos y traer una mejor salud y seguridad a nuestras vidas? Es un pensamiento empoderador que una persona puede controlar o incluso cambiar sus percepciones.

Imagina si pudieras comenzar a ver el dolor emocional separado de ti.

Imagina que el dolor no tiene qué definirte.

Respira profundamente e imagina que podemos movernos a un lugar de seguridad emocional donde comenzamos a aceptar los cambios y encontrar un camino hacia el futuro.

16. ¿Cuáles son algunas de las nuevas percepciones en las que puedes pensar para reemplazar los sentimientos dolorosos en tu mente o cuerpo en este momento? *¿Hay otras formas en que puedas comenzar a ver el dolor emocional?*

A medida que nos alejamos de los sentimientos de dolor emocional y lo miramos como un observador, entonces el dolor no tiene qué definirnos. Si podemos comenzar a ver el dolor de manera diferente, el dolor puede darnos el deseo de algo que se sienta mejor.

17. ¿Se ha convertido el dolor emocional de otras pérdidas en parte de tu vida a lo largo de los años o incluso décadas? Siéntete libre para compartir.

18. ¿Sientes que soportas el dolor innecesariamente? Siéntete libre de compartir algún dolor del pasado que estas cargando.

Si no estas cargando ningún dolor del pasado, es bueno saberlo. Si es así, estamos muy contentos de que hayas comenzado este viaje de curación. Por favor, permanece en este viaje hasta que la alegría y la gratitud se conviertan en una parte habitual de tu vida.

19. ¿Hay razones por las que te has aferrado al dolor del pasado? ¿De qué maneras puedes prepararte para dejar ir los dolores del pasado?

Está bien dejar ir el dolor que has venido cargando. ¿Estás listo para liberarlo?

Liberando el dolor

Imagina que el dolor tiene su propia forma, como tu dibujo en el # 14.

Imagina que puedes agarrar el dolor y echarlo por la puerta.

Escribe o dibuja tus sentimientos dolorosos, luego encuentra una manera satisfactoria de liberar esos sentimientos destruyendo el papel. Tal vez romperlo en pedazos o tirarlo a una hoguera.

Empieza a sentir la liberación de soltar el dolor.

Permite que tu corazón y tus hombros se sientan más ligeros.

Mueve tu cuerpo, encoge tus hombros, baila, grita, corre o muévete como te da la gana.

Ponte recto y erguido, respira profundamente y dile adiós al dolor.

**Si has sido capaz de hacer alguna de las anteriores
cosas en cualquier grado, ¡felicítate!**

20. ¿Cómo te sientes ahora?

¡Dejar ir el dolor, es un gran logro!
No dudes en repetir este proceso según sea necesario.

¡Date un gran abrazo!

Dondequiera que te encuentres en el proceso de tomar medidas para aliviar tu dolor, haz algo amable y relajante para ti.

Prioriza el cuidado de ti mismo aunque estés muy ocupado.

Date cuenta cuando te sientes cansado, hambriento, solo, enojado o abrumado, y luego cuídate amorosamente. El trabajo de curación para abordar el dolor y la tristeza puede ser difícil, ¡así que recuerda respirar profundamente y mantenerte conectado!

Psychology Today ofrece ayuda para encontrar un grupo de apoyo, en https:// www.psychologytoday.com/us/groups/grief

Ve a un grupo de apoyo en línea, en persona, a través de Zoom, video chat, Skype, por teléfono o de cualquier forma posible.

Si tu ser querido recibió cuidado de hospicio, o cuidados médicos en algún centro especializado, investiga si ofrecen algún servicio de consejería frente a las pérdidas y utilízalo en tu beneficio.

Siéntete libre de repetir cualquier parte de este capítulo cuando te sientas listo y seguro para liberar los sentimientos dolorosos cada vez que surjan.

Si te sientes triste desde hace mucho tiempo, puedes estar sufriendo una depresión. Por favor, busca atención profesional de tu médico o profesional de la salud mental. Si estás deprimido y tienes ganas de hacerte daño a ti mismo o a otros, si vives en USA, llama inmediatamente al 911, a la Línea Directa de Suicidio 988 o al 1800 273 8255, o al teléfono de emergencia local en tu país. También puedes llamar a tu profesional de la salud mental.

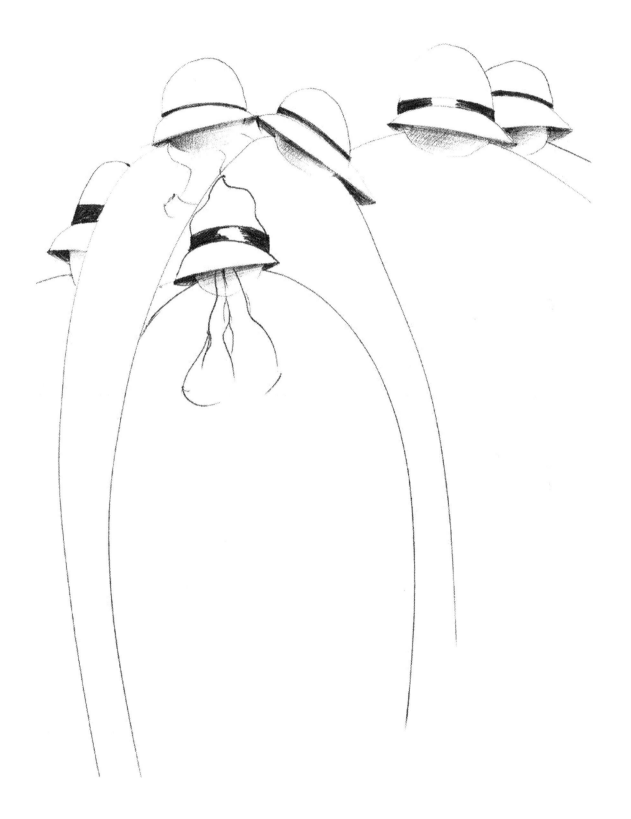

Capítulo 3

Reconociendo tus sentimientos

Tómate un poco de tiempo para honrar el trabajo que acabas de hacer en el capítulo 2. Dejar ir el dolor genera una sensación de alivio, como si te hubieran quitado un peso de encima. Siéntete libre de volver al capítulo anterior cuantas veces necesites en este viaje de sanación.

La pandemia fue causada por algo más grande que todos nosotros y trajo una nueva capa de dolor. Es posible que hayas sentido una sensación de opresión o miedo diferente a cualquier otra que hayas tenido en el pasado. Las personas aún pueden parecer enojadas e irracionales, y tu tambien puedes estar lidiando con pensamientos irracionales y de enojo junto con tu dolor.

Si tú o alguien en tu círculo está sintiendo estrés después de un evento traumático o repentino, por favor busca los recursos adecuados para el Trastorno de Estrés Post-Traumático (PTSD). Si vives en USA, llama al 800-950-NAMI o en crisis enviar un texto a "NAMI" to 741741. Puedes Lamar a los teléfonos locales de emergencia en tu país. También hay algunas ideas más en la sección de recursos en la parte final del libro. Busca ayuda a nivel local y sigue adelante.

Si la pérdida que estás llorando es una muerte o un suicidio relacionado con la pandemia, a nivel mundial todos estamos de luto contigo. Quédate con nosotros en esta jornada a tu propio paso.

Tómate un descanso de las noticias, de tu teléfono y de la televisión, y de la gente que está propagando el miedo y la negatividad. No podemos enfatizar esto lo suficiente; no hay necesidad de sentirte abrumado por las malas noticias. Este es un momento para protegernos a nosotros mismos y a aquellos que nos importan. Hay cosas que podemos controlar y otras que no. Si puedes controlar tu espacio personal y la información que recibes y en la que te concentras, encontrarás algo de paz durante este tiempo.

Por favor, usa las preguntas de este capitulo para abordar los temores de la pandemia, así como los causados por tu pérdida actual. Si por alguna razón te sientes abrumado por la emoción o demasiado alterado para continuar SALTA la pregunta, tómate un descanso para cuidarte. Toma nota de tus necesidades. Identifica si estás cansado, abrumado, o hambriento, si necesitas llamar a un amigo, dar un paseo al aire libre, bañarte o ducharte, luego vuelve cuando estés listo.

Siéntete libre de trabajar con las preguntas a tu propio ritmo y en el orden que sea conveniente para ti. Te sugerimos que tengas un consejero o alguien de confianza que puedas llamar cuando necesites apoyo durante este proceso.

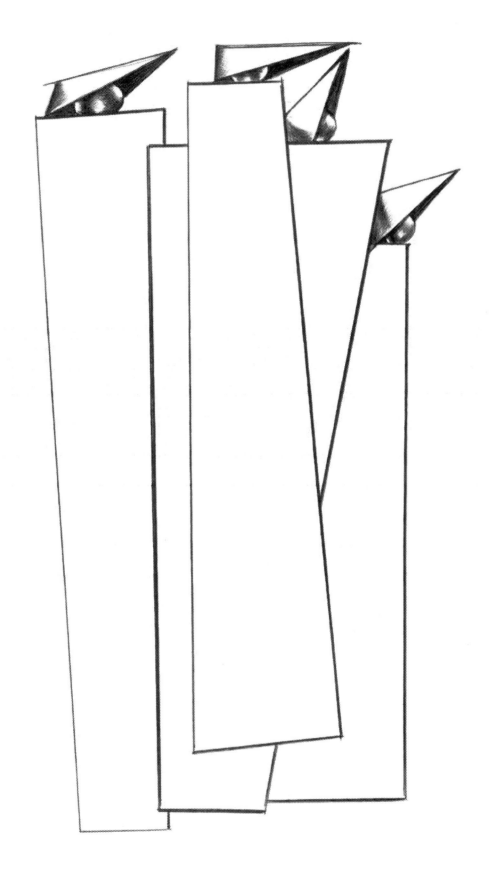

1. ¿Cuáles son tus mayores miedos?

2. ¿Cómo afectó la pandemia tus miedos o preocupaciones?

3. ¿Tuviste o todavía tienes miedo de que alguien pueda exponerte al virus?

4. Si has tenido el virus o en algún momento pensaste que podrías tener el virus, ¿alguna vez sentiste miedo? ¿Qué preocupaciones sobre el virus tienes ahora?

5. Ahora que las vacunas y vacunas de refuerzo están disponibles, ¿te sientes tranquilo? ¿tienes alguna preocupación al respecto?

6. ¿Lo que viviste con la pandemia se sintió diferente de cualquier otra cosa que hayas tenido que enfrentar?

Si tuviste un ser querido que murió de COVID, reconoce la dificultad de lo inesperado y lo doloroso de no poder despedirte, era un riesgo de contagio.

7. ¿Qué es lo que te ha causado más frustración por la pandemia?

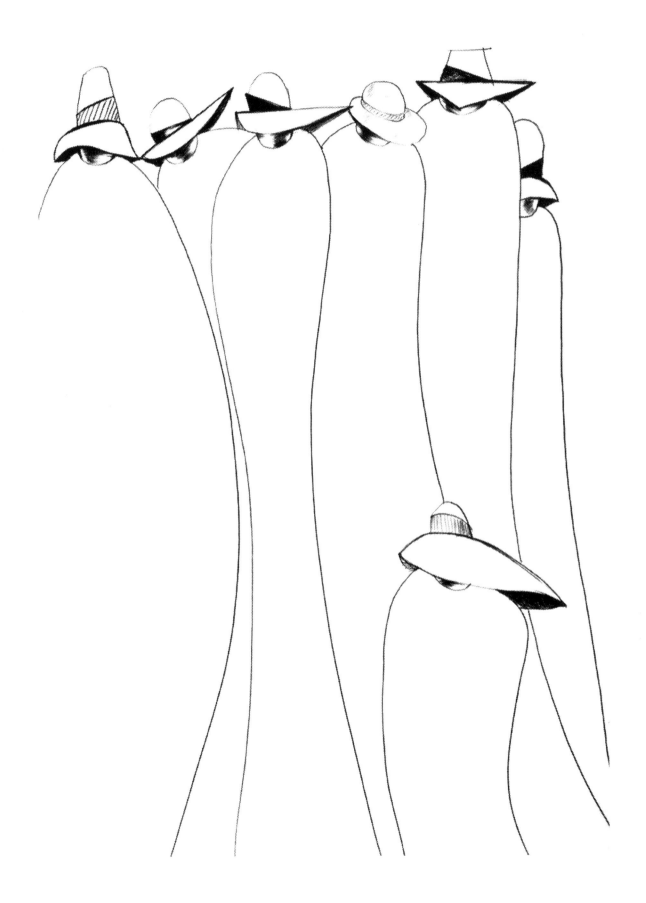

8. ¿Has estado preocupado? ¿Cuáles son algunas de las cosas que te preocupan?

9. Describe cualquier sentimiento de ansiedad que puedas tener ahora.

10. ¿Te sorprenden tus sentimientos de ansiedad? ¿Los habías experimentado antes, o apenas están surgiendo?

Es de esperar que hayan preocupaciones y ansiedad en una pandemia mundial, especialmente cuando muchos estaban desempleados, ha habido falta de suministros, abundancia de noticias estresantes y millones de personas han estado enfermos o han muerto. Continúa protegiéndote para crear un espacio seguro para la curación, la nutrición y el descanso mientras comienzas a comprender cómo superar el estrés, la preocupación y la ansiedad.

11. ¿En los últimos días te has dado cuenta de que estabas conduciendo hacia un lugar equivocado, perdiendo cosas u olvidando lo que estabas haciendo? Es muy común en estos tiempos. Siéntete libre de compartirlo sin juzgarte:

12. Anota cualquier comportamiento ansioso como: andar de un lado para otro, irritabilidad, agitación o conducir de forma errática. (Este es el tiempo para tener mas paciencia contigo mismo).

Estos pueden ser signos de estar abrumado, nervioso, ansioso o preocupado. Tómate todo el tiempo que puedas para concentrarte en descansar, alimentarte, beber mucha agua fresca, hacer ejercicio, respirar aire fresco y darte todos los cuidados personales que consideres necesarios. Vuelve al Capítulo 1 todos los días si es necesario. Cuidar tu cuerpo y tu salud te ayudará a reducir el estrés de la mente y el cuerpo.

También aprovecha este tiempo para hablar con un profesional de confianza o una persona positiva y productiva que tenga en cuenta tus intereses.

Si sientes que la ansiedad es crónica o severa, es muy importante consultar con un médico o un profesional de la salud mental inmediatamente. Un grupo de apoyo en línea puede ser realmente útil en este momento.

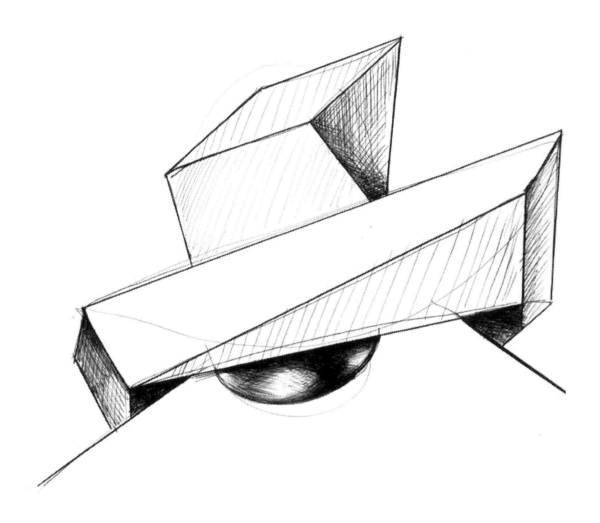

13. ¿Cuándo te sientes enfadado? Haz una lista de las situaciones que te han enfadado recientemente:

Si te sientes enojado con tu perdida, debes saber que esto es normal. Respira hondo y únete a nosotros para encontrar formas de liberar sentimientos de ira.

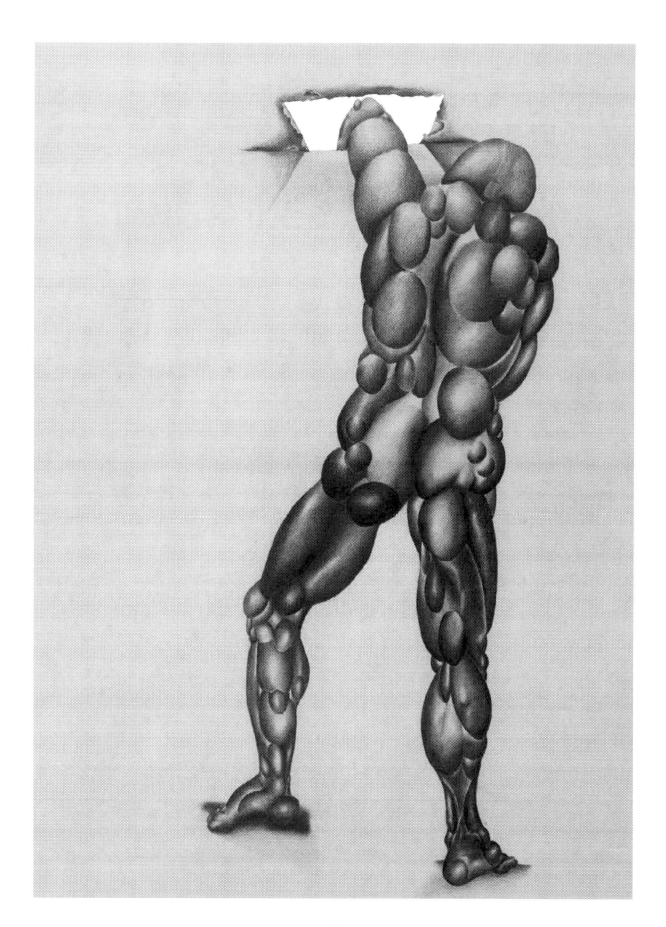

Liberando la ira

Cuando te sientas enfadado, ve solo a algún lugar
tranquilo donde puedas gritar a todo pulmón o
¡toma una almohada y pégale, desahógate!

Ve al gimnasio y golpea un saco de boxeo.

¡Corre hasta que no puedas correr más!

Escribe tus sentimientos, hasta que no puedas hacerlo más.

Respira.

La ira es una reacción normal ante el miedo y la pérdida. La ira es una forma de miedo porque cuando nos enfrentamos a un peligro, como una pérdida, nuestra química cerebral escogerá una "respuesta de huida o de lucha". Según nuestras circunstancias, podemos elegir pelear, paralizarnos o huir cuando estamos enojados o molestos.

A veces no hay ningún lugar a dónde ir y nos refugiamos en otras actividades, como el alcohol, las drogas o comportamientos poco saludables. En otras ocasiones, podemos enojarnos y gritarle al conductor de otro automóvil, al cajero del supermercado o a alguien en casa. Si te preocupa que tus reacciones de escape o lucha no son adecuadas, habla con un profesional de la salud de inmediato.

El trabajo de duelo y el dolor emocional son complicados en muchos niveles profundos. Siéntete orgulloso de estar aprendiendo a manejar muchas emociones difíciles y de estar haciendo el trabajo para cuidarte a ti mismo.

14. ¿Cuál fue el incidente más reciente que te hizo sentir enojado? ¿Por qué estabas enojado?

15. ¿Luchaste, te congelaste o escapaste?

16. Vuelve a revisar tus respuestas a la pregunta número 14. ¿Hubo incidentes en los que estabas enojado pero tuviste una de las otras dos reacciones?

17. ¿Qué tipo de problemas ha causado la lucha?

18. ¿Hay ocasiones en las que te congelaste pero ahora desearías haber actuado? ¿Qué puedes imaginarte haciendo en su lugar?

19. Cuando tienes que escapar, ¿qué otros métodos de escape utilizas?

20. ¿De qué forma este escape te proporciona el resultado que quieres?

21. ¿Cuáles resultados prefieres?

22. ¿Cuál es la forma más frecuente en la que expresas tu ira?

23. ¿Es útil expresar tu enojo de esta manera? Sientete libre de compartirlo.

Si te preocupa que tu enojo esté empeorando tu vida y la de los que te rodean, tómate un tiempo para investigar el manejo del enojo con los recursos que se encuentran al final del libro o consulta el artículo sobre el enojo en https://www. psicologia-online.com/como-controlar-la-ira-4351.html por Marissa Glover.

Si tú o alguien de tu familia no se sienten seguro en su casa debido a la violencia doméstica, llama a la línea directa de violencia doméstica en tu área correspondiente de tu país, si vives en EE.UU. llama al número nacional 1800 799 7233.

Si tienes ganas de hacerte daño a ti mismo o a otros llama a Prevención del Suicidio al 988 o al 1-800-273-8255 en UU.EE. o a tu proveedor de salud mental o al numero local de emergencia en el area de tu país.

24. Ya que hemos explicado cómo el enojo es una manifestación del miedo y que el enojo es una respuesta al peligro o a la pérdida, piensa en una situación que te enoje y pregúntate, ¿De qué tenía miedo?

Muchos de los temores profundamente arraigados son basados en la creencia de que algo malo nos sucede debido a la pérdida. Tómate unos minutos para ver todas las formas como puedes cuidarte, encontrar apoyo positivo y mantenerte a salvo (no dudes en volver a visitar el Capítulo 1). Esto no quita el dolor de la pérdida, pero te permitirá superar las preocupaciones, ansiedades y miedos que se vuelven tan abrumadores en momentos como estos.

Practica la respiración profunda: Inhala aire lentamente por la nariz y observa cómo se llena tu estómago, sostenlo un momento y exhala lentamente. También puedes probar a contar del 1 al 10 cuando te sientas estresado, enojado o abrumado.

25. ¿Qué necesitas para sentirte seguro en este momento?

26. ¿Quién te puede ayudar cuando sientes miedo?

27. ¿Hay cosas que te pueden ayudar a aliviar tu dolor y el estrés en este momento? ¿Cuáles son?

28. ¿Qué puedes hacer para cuidarte a ti mismo ahora?

29. ¿Qué puedes hacer para sentirte mejor mañana?

Sugerencias para sentirte mejor

Aléjate del drama.

Evita personas negativas y enojadas.

Lava tu cara con agua fría.

Aprende a cuidar muy bien tu mente y cuerpo.

Tómate el tiempo para hacer algo amable por ti mismo.

Piensa en el futuro que deseas.

En momentos de profunda pérdida, la culpa es otra emoción que a menudo sentimos o pensamos. Todas las cosas que desearíamos poder o deberíamos haber hecho para evitar la pérdida, o el cuidado que deberíamos haber mostrado o las cosas que le habríamos dicho a nuestro ser querido antes de que se fuera. La culpa puede ser positiva o negativa. La culpa puede ayudarnos a asumir la responsabilidad de nuestras acciones para que podamos seguir adelante o puede desencadenar remordimiento, tristeza, angustia y frustración. Ten en cuenta que estos sentimientos son una parte normal del duelo.

Recuerda cuidarte bien y respirar profundamente siempre que lo necesites.

30. ¿Te sientes culpable o arrepentido? Haz una lista de lo que te hace sentir culpable o te has arrepentido.

Puedes también hacer una lista en otra hoja de papel separado, y la puedes destruir más tarde (mira la pregunta número 32).

31. ¿Qué desearías haber hecho o dicho diferente?

Está bien llorar. Los sentimientos de culpa o arrepentimiento son normales pero pueden ser muy difíciles de reconocer. A veces decimos "Si en ese entonces hubiese sabido lo que sé ahora..." nos damos cuenta de que hubiéramos hecho las cosas de otra manera. Sin saberlo, podemos aceptar que hicimos lo mejor que pudimos en ese momento y eso es normal y humano. Este es un gran paso, respira profundo y recuerda que tu viaje de curación vale la pena.

32. ¿Cómo puedes reparar las cosas por las que te sientes culpable?

Sí hiciste esta lista en una hoja de papel separada en la pregunta número 30, una vez que hayas hecho las reparaciones, siéntete libre de destruirla. Puede ser muy liberador quemar el papel en lugar de romperlo).

Liberando la culpabilidad

Si te sientes culpable o arrepentido porque piensas que deberías
haber hecho más, toma medidas para liberar estos sentimientos:

tómate este tiempo para imaginar lo que
habrías hecho de forma diferente.

Visualiza mentalmente cada cosa que hubieras hecho, o escríbelas.

Perdónate a ti mismo, recuerda que hiciste lo
mejor que pudiste en ese momento.

Hiciste lo mejor y eso es suficiente.

Respira profundo, llena tu diafragma con aire, luego déjalo ir despacio.

¡Estás haciendo un buen trabajo!

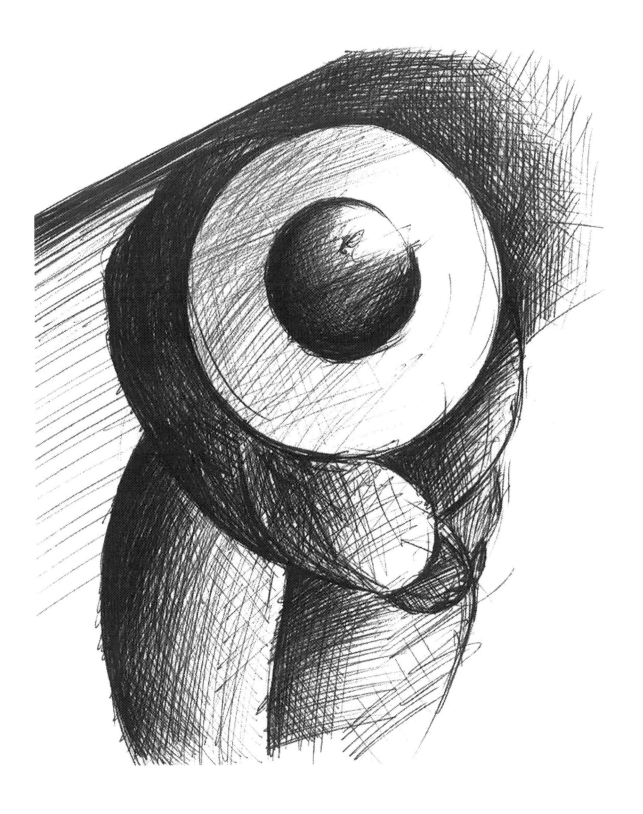

Sentirnos culpables o arrepentidos proviene de nosotros mismos. Sin embargo, cualquier pérdida podría desencadenar sentimientos de que estamos siendo juzgados.

33. ¿Sientes que la gente te está juzgando? ¿Cómo te sientes?

34. ¿La gente te ha juzgado o te ha dicho cosas crueles? No dudes en escribirlas aquí:

Es muy difícil lidiar con los juicios en un momento de grandes pérdidas. Las personas pueden proyectar o desplazar sus propios sentimientos de pérdida en un momento en el que, tú en cambio, necesitas su apoyo y amabilidad. Es lamentable si sientes que la gente te haya juzgado y te haya dicho cosas inadecuadas durante tu pérdida.

35. ¿Qué pasos podrías dar para perdonar a las personas que te juzgan?

He aprendido que la gente olvidará lo que dijiste, la gente olvidará lo que hiciste, pero la gente nunca olvidará cómo los hiciste sentir.
Maya Angelou.

Si las personas te han hecho sentir enojado, culpable o juzgado, o tal vez ignoraron tu dolor, pasaron por alto tu pérdida, te lastimaron o empeoraron las cosas, ten en cuenta que el perdón es un viaje, y continuaremos ese camino en el próximo capítulo.

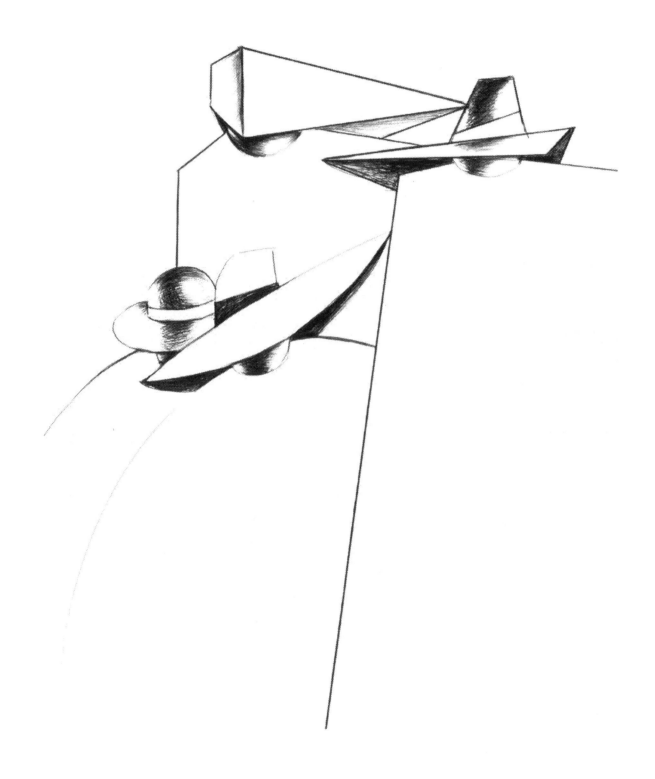

Capítulo 4

Perdónate a ti mismo y a los demás

Perdona a todos por los malos recuerdos.

Déjalos desvanecerse en el *mar del olvido.*

El perdón es divino.

Permite que el milagro del perdón libere tus emociones de necesitar algo que la otra persona no pudo darte.

El perdón no significa olvidar ni excusar algo malo, simplemente restaura tu poder para dejar ir la ira hacia los demás y absolver tu propia culpa. ¡Y eso es algo muy bueno!

Algunas veces podemos estar guardando rencor y ni siquiera sabemos que está ahí. El perdón no es para la persona por la que te sientes herido. El perdón es para ti. Te permite liberarte de todos los sentimientos de frustración sentimientos y te proporciona una manera de dejarte llevar y encontrar un camino para seguir.

1. ¿Qué ha dicho la gente sobre tu pérdida?

2. Describe cualquier sentimiento que suscitaron esos comentarios.

3. ¿Qué cosas (si las hubo) ha dicho la gente que realmente te han molestado? Siéntete libre de escribirlas:

4. Si la gente ha dicho cosas groseras o hirientes sobre esta pérdida, o ha ignorado tu dolor y no te ha apoyado; utiliza esta página para empezar a trabajar con estos sentimientos y escribe cómo te sientes:

Aunque te sientas profundamente herido por las palabras o acciones de la gente, incluyendo su descuido o la falta de ayuda y apoyo en este momento, ten en cuenta que "todo es momentáneo y que nada es para siempre". Muy pocas personas son lo suficientemente fuertes para estar realmente presentes a través de la pena y la angustia.

Este es el momento de liberar algunas de esas expectativas y no tomarte las cosas como algo personal.

Perdonar a los demás

El perdón te libera y te permite recuperar tu poder. La energía y la emoción que has invertido tan profundamente en una determinada persona o situación, ahora puedes trasladarla a alguien o algo que sea positivo para tu crecimiento y tu salud emocional, psicológica y física.

Existen investigaciones que han encontrado que el acto de perdonar puede generar grandes recompensas para tu salud: reduciendo el riesgo de ataque cardíaco, mejorar los niveles de colesterol, reducir el dolor, la presión arterial y los niveles de ansiedad, depresión y estrés, además de mejorar el sueño.

5. Haz una lista de las personas a las que necesitas perdonar y las razones por las cuales las necesitas perdonar. Está bien ocupar toda la página. Consigue papel adicional si lo necesitas.

6. Aunque el perdón no sea fácil, di: "Te perdono" en voz alta a cada persona de tu lista. Luego usa el espacio a continuación para escribir el nombre de la persona, y si te ayuda, escribe la razón también. Tómate unos minutos para sentir el perdón cuando llegue. Está bien llorar si necesitas.

Confía en que los sentimientos seguirán a las palabras.

Visualiza este perdón como un regalo para ti mismo.

7. ¿A quién te sientes más cercano en este momento de tu vida? ¿Qué te hace sentir cerca a ellos en este momento?

Honra a los que están ahí para ti.

8. ¿Dónde o con quién te sientes seguro? ¿Hay algún lugar donde te sientas seguro? ¿O hay una persona con la que te sientes seguro?

9. ¿Qué actividades te ayudan a sentirte mejor?

Haz una actividad que te ayude a sentirte bien, puede ser tan simple como comer o dormir, caminar en la naturaleza, llamar a alguien o hacer algo nuevo; haz lo que te ayude a sentirte mejor, siempre que puedas, y especialmente dedica tiempo para aprender a perdonar a los demás.

10. Hiciste el trabajo de perdonar a los demás, perdónate a ti mismo también. Haz una lista de las cosas por las que te gustaría ser perdonado.

11. ¿Sientes que necesitas pedirle perdón a alguien? Si es así, ¿a quién?

12. Si no puedes pedirle perdón, ya sea porque fallecieron o porque ya no están en tu vida, expresa aquí lo que hubieses querido decirles.

Si te parece curativo, puedes escribirlo en una hoja de papel separada y quemarlo de manera segura para que llegue así a la persona que ya no está en tu vida.

Perdonándote a ti mismo

"Lo siento".

"Por favor perdóname".

Gracias".

"Te amo".

Estas son palabras tomadas del ho'oponopono hawaiano. El Dr. Ihaleakala Hew Len enseña que lo que está dentro de nosotros es parte de nuestras circunstancias actuales. A medida que sanamos y limpiamos nuestras propias vidas, las cosas a nuestro alrededor comenzarán a sentirse más pacíficas. Prueba este mantra sanador para esclarecer tus sentimientos mientras asumes la responsabilidad de las cosas que han sucedido, incluso si sientes que no fueron culpa tuya.

Por favor, perdónate a ti mismo. Hiciste lo mejor que pudiste.

El viaje para perdonarnos a nosotros mismos es largo.

Respira hondo y di, "Me perdono", en voz
alta, tantas veces como necesites.

Visualiza la libertad que recibiste como un verdadero
regalo para ti mismo porque elegiste perdonar.

Ámate a ti mismo.

Capítulo 5

Gratitud y auto-reflexión

Cuenta tus bendiciones...

Comencemos ahora.

1. Haz una lista de todo lo que agradeces. Incluso si sientes que no tienes nada por lo que estar agradecido, empieza con lo básico; estás vivo, tienes aire para respirar, agua para beber.

Respira profundamente, cierra los ojos y reconoce todo lo maravilloso que es poseer todo lo que tienes. Di "gracias" en voz alta por cada cosa por la que estés agradecido.

2. ¿Hay alguien que te haya apoyado especialmente? ¿Hay algo que te gustaría hacer para agradecerle o se lo puedes retornar a otra persona?

3. ¿Qué es lo más útil que alguien te ha dicho hasta ahora? ¿Puedes llamarle, visitarlo, enviarle una nota, un texto o un correo para darle las gracias?

4. En una hoja de papel, escribe una carta a la persona que mas extrañas en este momento. Si no puedes enviársela por correo, libérala al universo o envíala como una oración.

5. Recuerda y comparte una experiencia de tu vida, en la cual te sentiste muy amado:

6. ¿Quién fue importante en tu niñez o adolescencia? Si puedes, llámalos o escríbeles para agradecerles. Incluso si ellos han fallecido o no puedes localizarlos, no dudes en escribir tu nota de gratitud aquí.

7. ¿Tienes a alguien en tu vida en quién confías ahora? Si es así, qué bonito. Puedes usar este espacio para compartir tu agradecimiento.

8. ¿Cuál es tu pertenencia favorita? ¿Por qué es tu cosa favorita?

9. ¿Cómo te sientes cuando la tocas?

10. ¿Qué recuerdos te desencadenan?

No dudes en repetir esta actividad para recordar momentos especiales. Los recuerdos de nuestras cosas favoritas nos ayudan a sentirnos mejor.

11. ¿Cuáles son las cualidades que te gustan más de ti mismo y por las que puedes estar agradecido? Trata de escribir 100 cosas, incluso si son pequeñas.

12. ¿Quiénes son las personas que te aman y te respetan?

13. ¿Qué cosas nunca olvidarás de ellos?

14. ¿Cuales son las cualidades que nunca olvidarás de esta persona?

15. ¿Hay algo que te gustaría hacer por alguien (o por varias personas)? ¿Puedes hacer un plan para hacerlo? Sé realista, está bien dar pequeños pasos.

16. ¿Ha habido alguna vez un momento en el que hayas hecho algo bueno por alguien y lo hayan apreciado con todo su corazón? ¿Qué fue?

17. ¿Puedes describir cómo se sintió ser apreciado?

18. Completa esta frase: Me siento amado y apreciado cuando...

Practica la gratitud

Cuenta tus bendiciones en la mañana y la noche.

Muestra aprecio por aquellos que te han ayudado.

Reconoce lo fácil que es dar a quienes están agradecidos de recibir.

Disfruta tus cosas favoritas.

Coloca notas en torno a tu hogar para que te recuerden de todo lo que estás agradecido.

¡Retorna bondad hacia otros!

¡Ábrete a cosas buenas en tu vida!

Tómate un tiempo para respirar profundamente y llenarté de gratitud.

19. Haz un dibujo de tu corazón lleno de gratitud.

Puedes dibujar tu corazón en una hoja de papel separada para que puedas colocarlo en algún lugar de tu casa donde puedas verlo. Usa este dibujo para reflexionar a menudo sobre tu corazón agradecido.

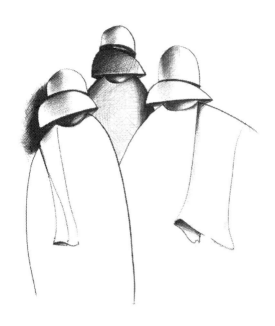

La gratitud es una de las fuerzas más
poderosas que podemos imaginar.

Abrazar la gratitud nos ayuda a recordar que la vida no es tan oscura
como cuando comenzamos este viaje a través del dolor y el duelo.

Durante este tiempo de decir "adiós", evita sentir lástima
de ti mismo. En su lugar, concéntrate en la gratitud
para llenar el vacío y avanzar hacia el futuro.

Siéntete profundamente agradecido por las cosas buenas
que estás aprendiendo y enfócate en ellas.

Ahora es el momento de empezar a pensar en crear un futuro más feliz.

Capítulo 6

Creando alegría

Busca el rayo de luz en esta nube, está esperando ser encontrado.

Mientras encuentras ese resquicio de esperanza,
imagina el futuro de tus sueños.

Imagina cosas buenas en tu futuro.

Deja que esas cosas buenas sean tan reales en tus
pensamientos que puedas verlas y sentirlas.

1. Recuerda un momento y un lugar en el que te hayas sentido verdaderamente feliz. ¿Dónde estabas? ¿Qué estaba pasando en ese momento? ¿Qué aromas u olores recuerdas? Si quieres, escribe o haz un dibujo.

Aférrate a todos los BUENOS recuerdos. Tus memorias son realmente valiosas.

2. Comparte algo que te haga reír. Es divertido recordar con quién estabas y qué fue lo divertido.

3. ¿Cuál es tu chiste favorito? ¡Llama a alguien y compártelo!

4. Usa esta página para escribir los chistes mas divertidos que puedas recordar. Siéntete libre de buscar nuevos chistes para escribir:

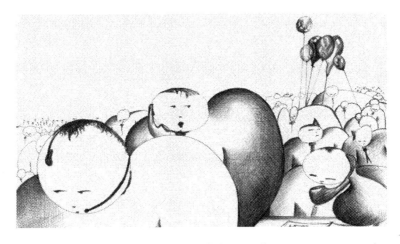

Coloca imágenes divertidas o bromas en toda
tu casa para que te puedas reír.

5. ¿Cómo es tu vida mejor hoy que ayer?

6. ¿Qué cosas te funcionan bien ahora? Esta bien si son pequeñas.

Cuando reconoces dónde te encuentras hoy, es más fácil visualizar un futuro más alegre.

7. ¿Qué es la alegría para ti?

8. ¿Qué metas tienes para el futuro?

Crear alegría puede ser durante unos minutos, unas horas, unos días, unas semanas, unos meses o toda la vida.
Da pequeños pasos unos minutos todos los días hacia la búsqueda de tu felicidad.

Alegría y felicidad

Encuentra una manera de divertirte y reírte. Ve una película divertida, un programa de televisión o haz un juego con un amigo.

¡Planea una sorpresa para alguien!

Escucha tu música favorita o música que te recuerde tiempos felices.

Disfruta de un tiempo de calidad visitando de forma segura a un amigo o familiar.

Escucha tu música favorita y haz tu propia celebración.

Está bien bailar solo, saltar arriba y abajo, dar vueltas, girar, hacer el twist. Invita a alguien a unirse a ti de forma segura en persona o en forma virtual.

Disfruta de tiempo de calidad visitando a un amigo o familiar.

Sonríe.

Si amas a alguien, ¿puedes decirle que le amas?

9. Escribe tus sueños para mañana - puede ser algo tan pequeño como dormir toda la noche.

10. ¿Hay algo especial que puedas hacer este año que te haga sentir feliz? Tal vez un viaje o enfocarte en la realización de uno de tus mayores sueños o deseos.

Pensando en el futuro

Visualiza cosas buenas en tu futuro.

Deja que esas cosas buenas sean tan reales en tus
pensamientos, que puedas verlas y sentirlas.

Nota donde sientes esos pensamientos felices.

Siéntete profundamente agradecido por las cosas buenas
en las que estás aprendiendo a concentrarte.

Puede ser que creando alegría se convierta en un hábito diario.

¡Saborea este momento de alegría!

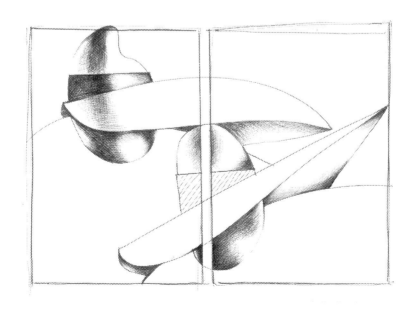

11. Haz un dibujo de tu nueva vida.

¡Eres maravilloso tal como eres¡

El proceso de duelo es desafiante.

Tómate un momento para reconocer los sentimientos que has descubierto y sacado a la luz. Has superado muchos sentimientos negativos y con suerte, los has liberado.

No dudes en repetir este libro o cualquier capítulo que necesites. Recuerda cuidarte todos los días. Tómate un momento para darte un baño, salir a correr, practicar yoga, ir de pesca, aprender a nadar o cualquier actividad que te brinde alegría y momentos de relajación a través de este viaje de sanación. Disfruta de las pequeñas cosas de la vida. ¡Regálate algo especial también!

Felicitaciones, has trabajado y probablemente has liberado muchos sentimientos negativos, este es el comienzo de un futuro más feliz para ti y los que te rodean.

Ahora estás listo para abrazar una nueva vida llena de alegría.

¡Puedes elegir ser feliz!

El otro lado del dolor

Después de muchos años de aprendizaje y meditación, el sabio Buda declaró, *"El dolor es inevitable pero el sufrimiento es opcional".*

Al superar el dolor provocado por una pérdida,
podemos descubrir la sabiduría y las lecciones que
brindan una visión diferente de nuestras vidas.

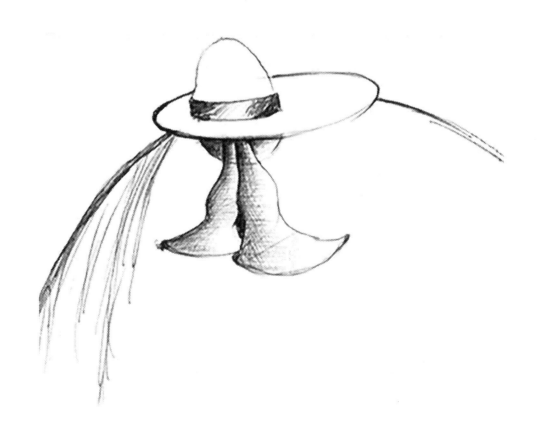

Si bien las pérdidas son inevitables y nadie estará preparado para una pérdida, estas nos recuerdan lo valioso que es nuestro tiempo con los seres queridos. La vida es frágil y en cualquier momento todo puede cambiar. No existe una forma correcta o incorrecta de afrontar el dolor. Todos nuestros sentimientos son válidos y todas las pérdidas son dolorosas. Además, puede llevar más tiempo superar algunas pérdidas que otras.

Las personas pueden vivir el duelo de muchas formas.

¿Es posible encontrar nuestra razón de vivir durante el duelo?

Sí, es posible.

Cuando elegimos vivir en el presente, podemos encontrar alegría incluso en las cosas pequeñas.

Imagina ABRAZANDO LA VIDA cada día al máximo.

Si bien podemos sentirnos débiles, vivir a través del dolor puede darnos más fuerza de la que podríamos haber imaginado. Superar el dolor puede fortalecer nuestra fe mientras nos enseña paciencia. Expresar el dolor puede ayudarnos a aceptar nuestros sentimientos. Puede ayudarnos a llorar, sufrir y sanar para seguir adelante.

Recuerda que el dolor y la alegría pueden coexistir.

Esta idea honra tu pérdida al decidir vivir la vida que tienes para vivir.

Podemos descubrir que hay diferentes formas de superar el dolor. Podemos darnos cuenta que es posible vivir con una pérdida, aunque siempre le extrañaremos.

Entendemos que la ira, el miedo y la culpa son una parte normal del duelo.

Podemos aceptarnos a nosotros mismos sin importar
donde estemos en este proceso de sanación.

Estamos aprendiendo a superar todo sentimiento de ira y sentimientos de
dolor debido a nuestras oportunidades perdidas. Estamos liberando el
miedo y la culpa y aprendiendo a amarnos a nosotros mismos tal como
somos.

Los cambios son parte de la vida y se necesita
algún tiempo para aceptarlos.

Es parte de ser humano.

Cada momento y cada persona son únicos. Cada día tenemos la opción
de elegir ver lo positivo y permanecer en un lugar de aprecio y gratitud.

Podemos disfrutar la vida.

Podemos recordar.

Podemos celebrar incluso después de una pérdida.

Podemos disfrutar de las pequeñas cosas de la vida
como abrazar a alguien o sentarnos al sol.

Nos daremos cuenta que ayudando a los demás y brindando un servicio, nos sentimos mejor y nos distraemos de nuestros problemas. El verdadero desafío es simplemente seguir adelante y crear algo positivo con nuestra nueva forma de vida. Estos pasos nos permiten estar seguro en este nuevo camino hacia la felicidad.

A medida que dejamos de lado la necesidad de controlar y comenzamos a comprender que hay perfección en todas las cosas, podemos aceptar cada momento y comenzar a vivir sin apegos a nuestras cargas anteriores.

El mundo sigue avanzando a nuestro alrededor, y
aún podemos decidir cómo seguir viviendo.

Además, cuando tomamos decisiones para protegernos y
rodearnos de personas amorosas y amables, nos volvemos más
capaces de ABRAZAR LA VIDA con una visión de libertad.

Tómate unos minutos para recordar y compartir algunas de las cosas que aprendiste durante este proceso de duelo:

155

Mereces un futuro más brillante.

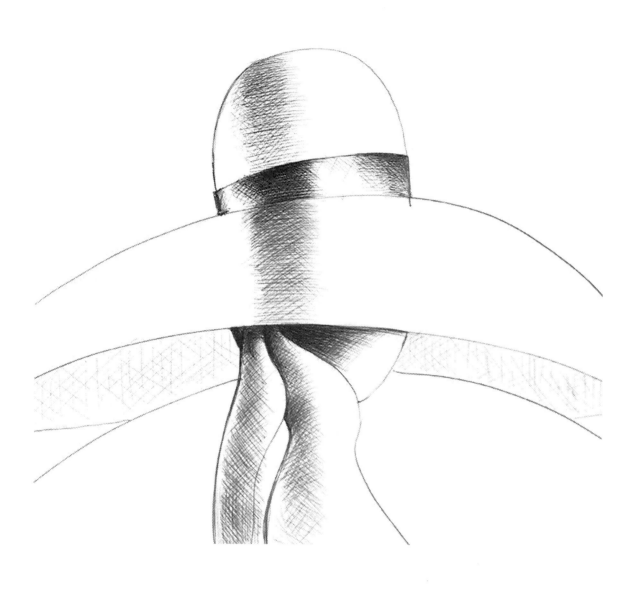

Fuentes y Recursos

Alcohólicos Anónimos: (212) 870-3400 https://www/aa.org

Abuso de Sustancias: 1-800-662-HELP (4357) https://www.samhsa.gov/find-help/national-helpline

Angelou, Maya. (enero 2021). *100 frases de Maya Angelou para inspirarte.* Psicoactiva. //www. psicoactiva. com/blog/100-frases-maya-angelou/

Ansiedad: *Guia de bienestar psicólogo Covid-19: Manejando la ansiedad.* Versión 3 (2020). Caring Communities. https://med.emory.edu/departments/psychiatry/_documents/tips.anxiety.spanish.pdf

Ansiedad: *Trastornos de ansiedad.* (noviembre 2017). NAMI -National Alliance on Mental Illness. https://www. nami.org/NAMI/media/NAMI-Media/Images/FactSheets/Spanish_Anxiety_(trastornos-de-ansiedad).pdf

Autocuidado: Evangelista, Félix. (2018). *Autocuidado de la salud.* Ministerio de salud. https://www. salud.gob. sv/archivos/pdf/telesalud_2018_presentaciones/presentacion09102018/AUTOCUIDADO-DE-LA-SALUD.pdf

Autocuidado: *Viernes Sin Limites: 5 prácticas de autocuidado para cada área de tu vida.* (19 de marzo de 2021). TRYMINDFUL. https://trymindful.com/blogs/biohacking/vsl-5-practicas-de-autocuidado-para-cada- area-de-tu-vida

Byrne, Rhonda. (2006) *El Secreto.* Nueva York, NY: Atria Books. https://www.thesecret.tv/

Calafell, Jeroni. (2016-2020). Frase célebre Siddhartha Gautama- El dolor es inevitable pero el sufrimiento es opcional. https://jeronicalafell.com/frase-celebre-siddhartha-gautama-dolor/

CIP: *Insensibilidad Congénita al Dolor.* (2017). Órgano Oficial de la Federación Mexicana de Colegios de Anestesióloga A.C. Síndrome de Insensibilidad Congénita al Dolor: Sufriendo sin dolor. http://www. scielo.org. mx/pdf/am/v29n3/2448-8771-am-29-03-42.pdf

Coronavirus: *Controlar el temor al coronavirus.* (2020). Cigna. https://hr.richmond.edu/benefits/ insurance/ medical-plans/pdf/coronavirus-en-espanol.PDF

Culpa: Casañas Martín, Judit y Babani Devnani, Prerna. (2015-2016) *Culpa y vergüenza, emociones autoconscientes.* https://riull.ull.es/xmlui/bitstream/handle/915/2872/CULPA+Y+VERGUENZA+EMOCIONES+AUTOCONSCIENTES.pdf;jsessionid=F3F0FD021E968D1DD316C970A0346C19? sequence=1

Depresión: *Ansiedad y Depresión: Depresión y trastornos depresivos, Tratamientos y obtener ayuda.* (2017). ADAA. Anxiety and Depression Association of America. https://adaa.org/sites/default/files/ADAA_ Anxiety&DepressionSpanishFinal2017.pdf

Duelo: Moreno Llorca, M. Paz. (junio 2002). *Intervención en duelo en las diferentes etapas evolutivas.* http:// www.psicofundacion.es/uploads/pdf/Intervencion%20en%20duelo.pdf

Duelo: Kessler, David. (2021) *Encuentra el significado: La sexta etapa del duelo.* Miami, FL: PRH Grupo Editorial.

Duelo: *Las 5 fases (o etapas) del duelo: La teoria de* Kübler-Ross: (2022) https:// centrodepsicologiaintegral.com/las-5-fases-o-etapas-del-duelo-la-teoria-de-kubler-ross/

Estrés: *Cómo tratar la ansiedad de manera natural.* (8 de octubre de 2019). Medical News Today. https://www. medicalnewstoday.com/articles/es/326589

Enojo: *Control de la ira: Diez consejos para controlar tu temperamento.* (29 de febrero de 2020) Mayo Clinic. http://www.mayoclinic.org/es-es/healthy-lifestyle/adult-health/in-depth/anger-management/art-20045434

Enojo: Glover, Marissa. (12 de febrero de 2019). *Cómo controlar la ira.* https://www.psicologia-online. com/ como-controlar-la-ira-4351.html

Enojo: Smith, Melinda, MA and Segal, Jeanne PhD. *Anger Management.* HelpGuide. (octubre, 2020). https:// www.helpguide.org/articles/relationships-communication/anger-management.htm

Entrenador de vida: Miedaner, Talane. (2020). *Qué es un Entrenador de Vida. LifeCoach.* https:// www. lifecoach.com/what-is-a-life-coach/

Entrenador de vida: Méndez Yenny, Andrea. (2021). *¿Cuándo acudir a un Coach de vida?* ttps://www. yennymendezcoach.com/cuando-acudir-a-un-coach-de-vida/#

Empoderamiento: *Guía: Herramientas para el empoderamiento personal y profesional.* Fundaciópimec accio social. https://www.pimec.org/sites/default/files/documents_pagines/guia_empoderamiento_personal_y_ profesional.pdf

Fernández Hawrylak, Maria, Robles Candanedo, Carlos, y Velasco Villa, Margarita. (2007). *Grupos de autoayuda para personas en situación de duelo.* https://summa.upsa.es/high. raw?id=0000029321&name=00000001.original.pdf

Goleman, Daniel. (12 de mayo de 2019). *Conciencia de uno mismo*. Solo ser blog de meditacion y mindfulness. https://www.soloser.com/post/2019/05/12/conciencia-de-uno-mismo

González Suitt, Karla y Camarena, Humberto (2013) *Manual terapia breve centrada en las soluciones*. https:// irp-cdn.multiscreensite.com/f39d2222/files/uploaded/MANUAL%20TERAPIA%20BREVE%20 CENTRADA%20 EN%20LAS%20SOLUCIONES.pdf

Grupos de apoyo: *Find a Grief Support Group*. Psychology Today. https://www.psychologytoday.com/us/ groups/grief

Hay, Louise. (1984) *Puedes Sanar tu Vida*. Carlsbad, CA, Hay House. https://www.hayhouse.com/ you-can- heal-your-life-paperback?utm_source=LH.com&utm_medium=Shop&utm_campaign=LH. com_YCHYL

Ho'oponopono: de l'Atlas, Chaman. (2020). *Diario de ho'oponopono: Un diario para practicar Ho'oponopono. Oración hawaiana, mantra, meditación.* (Live Pono) (Spanish Edition). Independently published.

Línea Directa de Crisis de Vivienda: (757) 587-4202 https://www.theplanningcouncil.org/homeless-solutions/ housing-crisis-hotline/

Línea Directa de Dolor Crónico: 833-446-7388 www.risingabovethepain.com/

Línea Directa de Violencia Doméstica: 1-800-799-7233. https://espanol.thehotline.org

Los sorprendentes beneficios de andar descalzo. Revisado y aprobado por el médico Nelton Abdon Ramos Rojas. Escrito por Yamila Papa Pintor 08 abril, 2022. https://mejorconsalud.as.com/ los-sorprendentes-beneficios-de-andar-descalzo/

Melatonina: Moreno, Ana María. (2 de octubre de 2020). *10 Beneficios de la Melatonina para el organismo.* ttps://farmaciaribera.es/blog/10-beneficios-de-la-melatonina-para-le-organismo/

Murakami, Haruki. (2011). *De qué hablo cuando hablo de correr*. España: Maxi-Tusquets Editores. Narcóticos Anónimos 1-800-974-0062. https://www.na.org/

Ospina Velasco, Ana María. *Los grupos de apoyo: Una alternativa para la elaboración del duelo.* (2003) Revista Prospectiva Universidad del Valle #8. https://core.ac.uk/reader/11861110

Perdón: Prieto-Ursúa, María y Echegoyen, Ignacio. (2015). *¿Perdón a uno mismo, autoaceptación o restauración intrepersonal?* Cuestiones abiertas en psicología de perdón. Papeles del Psicólogo. Vol. 36(3), pp. 230-237. http://www.papelesdelpsicologo.es/pdf/2617.pdf

Pandemia: *¿Qué es una pandemia?* (2019). American Medical Association. https://sites.jamanetwork. com/ spanish-patient-pages/2019/hoja-para-el-paciente-de-jama-190305.pdf

Peck, M. Scott MD. (2002). *El Camino Menos Transitado.* Simon and Schuster.

PTSD: Llama al 800-950-NAMI o en caso de crisis envía un mensaje de texto al 741741.

PTSD: *Trastorno de Estrés Postraumático.* (28 de octubre de 2020). NIH: Instituto Nacional de la Salud Mental Medline Plus, Información de salud para usted. https://medlineplus.gov/spanish/ posttraumaticstressdisorder. html

Prevención de suicidio: 1-800-273-8255 o visita suicide.org

Respiración: *Respiración diafragmática.* (2013). UNC Healthcare. https://www.uncmedicalcenter.org/ app/files/ public/9909ae9f-8f46-41d0-a1c7-e48b0ed83e41/pdf-medctr-rehab-diaphbreathingspanish.pdf

Ruiz, Don Miguel, MD. (1997). *Los Cuatro Acuerdos.* San Rafael, CA: Amber-Allen Publishing, Inc.

Suicidio: Psyicologia y mente: Cómo afrontar el duelo por suicidio *No es fácil aceptar que alguien ha terminado con su vida para hacer que cese el sufrimiento.* Ibañez Laura,28 octubre, 2017. https:// psicologiaymente.com/clinica/como-afrontar-duelo-por-suicidio

Suicidio: *Transitando el duelo por el suicidio de un ser querido.* CAS: Centro de asistencia al suicida. https://www.asistenciaalsuicida.org.ar/duelo

Terapia Breve Centrada en las Soluciones: Ackerman, Courtney E. MA. (20 de octubre de 2021). *Qué es la Terapia Enfocada en la Solución: 3 Técnicas Esenciales.* Positive Psychology. https:// positivepsychology.com/ solution-focused-therapy/

Terapia Breve Centrada en las Soluciones: Guerri, Marta. (1 de mayo de 2021). *Terapia Breve Centrada en las Soluciones.* PsicoActiva, mujer hoy. https://www.psicoactiva.com/blog/ terapia-breve-centrada-en-soluciones/

Visualización: Royo, Laura. *Visualizacion creativa: Descubre las 3 reglas de oro para lograr tus objetivos.* PsicoAyudarTeOnline. https://www.psicoayudarteonline.es/ visualizacion-creativa-3-reglas-de-oro-para-lograr- objetivos-2/

Walsh, Neal Donald. (1995). *Conversaciones con Dios.* G.P. Putnam's Sons: https://www.cwg.org/

Biografías de las autoras y el artista

Coralee Quintana es madre de tres hermosas hijas que la inspiraron a escribir para abordar sus cambiantes necesidades al entrar en la edad adulta. Escribió su primer folleto, "Cómo sobrevivir a una ruptura" para su hija menor cuando sufrió su primera decepción amorosa, y escribió "Quips for Pregnancy" cuando su hija mediana estaba embarazada. Debido a que ahora nos encontramos en una pandemia, Coralee está compartiendo sus consejos con el mundo.

Obtuvo su licenciatura en psicología con especialización en desarrollo infantil en la Universidad de Nuevo México, donde se especializó en estudios religiosos. Luego obtuvo una doble licenciatura en Administración Internacional (MBA) y en Estudios Latinoamericanos (MA). Los primeros años de la carrera de Coralee estuvieron dedicados a los programas de la primera infancia y a la investigación de SAMSHA que mostraba la eficacia de la intervención en la infancia temprana para familias en riesgo para la Escuela de Medicina de la UNM, Departamento de Pediatría. Durante ese tiempo, impartió clases de crianza en la Residencia Milagro y en el Programa de pacientes externos para mujeres embarazadas que abusan de sustancias psicoactivas. Proporcionó servicios de Especialista en Desarrollo para el Programa Familiar de Bebés y Niños Pequeños de IDEA, tanto para los programas UNM FOCUS como para el Departamento de Salud de Nevada. Ahora es una agente de bienes raíces en Nuevo México y se ha especializado en ayudar a las empresas familiares y a las organizaciones sin ánimo de lucro.

 Gladys Margarita Pérez nació y creció en Caracolí, Antioquia, Colombia. Terminó su licenciatura en Psicología con especialización en Dificultades del Aprendizaje en la Universidad del CEIPA en Medellín, Colombia.Trabajó como profesora y consejera de secundaria durante varios años antes de ser propietaria y directora de un centro de educación infantil en el que atendía a niños con necesidades especiales.

En 1985, poco después de casarse con su esposo, Guilloume, se mudaron a los EE.UU. y formaron una familia. Mientras criaba cuatro hijos, Gladys decidió volver a la Universidad de Nuevo México para obtener un posgrado en Estudios de la Familia. Después de graduarse, se desempeño como trabajadora social en la ciudad de Albuquerque, enseñando a las familias habilidades de autosuficiencia y acompañándoles en la gestión de recursos para vivienda, educación superior y otras necesidades.

Gladys, es actualmente una entrenadora de vida; su currículo de entrenamiento de vida está basado en las enseñanzas de la autora motivacional, Louise Hay. Ella se dedica a impartir talleres en los Estados Unidos y su país natal, Colombia, ayudando a las personas a superar sus propias limitaciones conectando con su potencial creativo para alcanzar una vida plena.

Durante los últimos 15 años, Gladys descubrió su pasión por el atletismo y ha participado en mas de 40 maratones en Estados Unidos. Gladys continúa creciendo como profesional, estudiante y atleta en su viaje por la vida.

Guilloume es el maestro del "Bolismo", un estilo de arte que utiliza formas, texturas y movimientos simples para exhibir sentimientos humanos desde los más complejos hasta los más simples. De su arte dice: "Me gusta la sencillez, las formas redondas y los círculos".

Los óleos de Guilloume son una expresión única del humanismo terrenal con sus alegrías, aflicciones y miedos.

Nació en Colombia en 1957, se dedicó al arte a temprana edad, completó sus estudios formales en el Instituto de Bellas Artes en 1981. Guilloume trabaja las técnicas de óleo, acuarela, óleo-pastel, pastel, lápiz y tinta, así como crea esculturas en bronce y piedra. Guilloume mantiene su estudio y galería en Sandia Park cerca de Santa Fe, en Nuevo México-USA.

Printed in the United States
by Baker & Taylor Publisher Services